Lulzim Tafa

La storia della santa guerra

BIBLIOTECA
Letteratura albanese

Consigliere editoriale:
Visar Zhiti

Redattore: **Albano Belloni**
Recensente: **Maria Giommarini**
Correzione: **Danilo Tomassetti**
Copertina: **Laura Rushani**
Tecno redattore: **Alberto Voka**

***

Il libro è in collaborazione con
Unione culturale degli albanesi della Romania

TAFA, LULZIM
La storia della santa guerra/ Lulzim Tafa; trad.: Maria
Niculescu: **Ginta Latina,** 2013
ISBN: 978-2-87485-017-2

I. Niculescu, Maria (trad.)

Dépôt Légal : D/2013/11.189/2

Lulzim Tafa

LA STORIA DELLA SANTA GUERRA

Poesie

Traduttore: **Maria Niculescu**

Ginta Latina
2013

3

BIBLIOGRAFIA

Lulzim Tafa è nato il 2 febbraio 1970, in Lipjan, nei pressi di Prishtina (Repubblica Kosova). Appartiene alla generazione dei poeti della peggior periodo del 90 per il popolo albanese del Kosovo, che è stato minacciato con la dovuta follie e sterminio delle guerre balcaniche.ha fato la scuola elementare e liceo a Lipjan. Si è laureato presso la Facoltà di Giurisprudenza all'Università di Prishtina. Nel fra tempo presso l'Università Statale di Sarajevo,con la tesi del dottorato è diventato un dottore in diritto. Insieme con i libri scientifici, autore di numerosi altri pubblicazioni in letteratura. Finora i seguenti volumi di poesia pubblicati: "Il sangue non è acqua" (Editore Rilindja, Prishtina 1993), "Tristezza Metafora" (Rilindja, Prishtina 1997), "Il pianeta di Babilonia" (poesia drammatizzata, Rilindja, Prishtina, 1999) "Ho ancora due parole"(Edit. Faik Konica, Prishtina, 2011, "Cosa del male" (poesie scelte Edit. Gjordan-Studio, Sarajevo, 2011) "Mostra dei sogni" (Amanda Edit, Bucarest, 2012), "Under manen sover tiderna" (Erik Hans Forlag, 2012),"Terrible Songs" (Gracious Light, New York, 2013) "La théorie de l'explication des rêves" (Esprit des Eagles, Bruxelles, 2013). Viene tradotto in diverse lingue in tutto il mondo, ha ricevuto numerosi premi letterari, che vanno in diverse lingue in tutto il mondo, ha ricevuto numerosi premi letterari, che essere incluso in alcuni antologie. Nel stesso tempo partecipa alle attività dei Diritti Umani. Scrive le poesie e opere teatrali, ma si occupa anche di critica letteraria e del giornalismo. Insegna in diverse università in Kosovo e all'estero. Attualmente è Rettore dell'Università di AAB. Vive e crea a Prishtina.

MI RICORDO IL TUO VISO

HAI FATTO ADDORMENTARE
I TEMPI SOTTO LA LUNA

Solo le unghie sono rimaste unghie
L'indomani ci porta qualcosa di nuovo
Insieme alla vecchia di ieri ci siamo sanguinatti.
Il cavallo sotto la pioggia
Quante gocciole ti hanno battuto quel giorno
Quando venevano anche altri clienti
Venditori di uva e zucche
Per cambiare i destini.
Egli alzò lo sguardo verso al cielo
Il sole non pensa tramontare
Ne anche oggi
La pioggia si fermerà un giorno
Un giorno sì, un giorno.
Si dice che la pioggia non scioglie il cavallo
Il cavallo che giace sotto la pioggia e si asciuga nella
brezza
Innumerevoli cavalli
Senza briglia
Senza Dio
Il cavallo coperto di vapori sotto la pioggia

TI SEI ADDORMENTATA SOTTO LA LUNA

Non hai pietà di me?
Non e che per caso il sole ti ha ferito gli occhi?
Ti sei addormentata sotto l'ombra della luna
E non volendo ti ho nascosto nel canto..
Perché piangi?
Non hai pieta che gli occhi
Verràno nel tuo canto
E così facile dimenticare la via di ritorno?
Da lamento malizioso,
Nel sogno buio,
Ti prego non piangere
Non hai pietà di me, bambina?

LE DOMENICHE NON MI CHIAMANO

Le domeniche non mi chiamano
Potrebbe non svegliarmi
Rimanendo per sempre nel sonno della morte,
Non dimenticare momenti congelati
Scegli il tuo giorno è Domenica.
Per te, quando morirò
Dopo sette montagne, cercherò il tuo nome...
Ah! Come mai non vieni negli altri giorni?

TEUTA

Stasera ti chiamo Teuta
Andiamo nella osteria **il Veleno**
Che la tua lingua tira fuori
I tuoi occhi - profezie di ghiaccio
Nel ramo spezzato
Del destino silenzioso
Teuta
A te gli dèi fanno rituali.

DOMANI

Ci sederemo di nuovo Teuta
Sulle sedie di legno
Per brindare bicchieri vetrificati
Come i destini come i cuori.
Sediamoci nuovamente
Per vivere i ricordi
Leggiamoci i versetti
Delle notte scritte.
Dammi i tuoi occhi per vedere il sole.
Come stelle che cadono
Come il cielo che scende
Ci sederemo nuovamente, Teuta
Per raccontare i sogni
Alle notte scritte
Con gli occhi aperti che arrivi l'alba
Ci sederemo nuovamente
Sulle sedie di legno
Teuta fai attenzione
Per la vita
Per la morte
Attenzione...

MI RICORDO IL TUO VISO

Mi ricordo il tuo viso
Il sangue - lacrima ghiacciata
Coprendomi.
Mi ricordo la tua lingua
Serpente - veleno nero
Avvolge il mio destino.
Quando tu dormi
Mi sveglio
Con il tuo ricordo.

CITTÀ ANTICA

Una leggera brezza soffia ghiacciante
Alla antica città il vento agita le palpebre.
Non sono pazzo di volerti
Antica città del primo amore.
Con le mani le strade misurando
Città antica senza castello di pietra.
Che cammina come l'orologio.

NOTTE BUONA PIOVOSA

Notte buona piovosa
il silenzio della cita uccide
le stagioni ritardate
il viaggiatore ritardato
nella città bagnata.
Notte lieve piovosa
il viaggiatore ritardato
nella città bagnata
stasera mette corona
funebre

Note lieve con pioggia
non distruggere le mie orme
nella città con odore di sangue.

DOMANI PIOVERÀ

Non ci vedremo domani
E Domenica
E pioverà.

Dormiremo un secolo.
Non lo so
Il sole apparirà
Oppure ci vedremo
Dopo la pioggia con sole.
Domani pioverà
Mi inquinerò a te
Ai tuoi occhi
Ai maledetti gli dèi
Non so se Signore piange
O piove
Non ci vedremo domani.
Domani moriremo tutti due.

NELLA NOSTRA ASSENZA

Noi non siamo più
Uno è morto
L'altro è stato ucciso dall'esercito
Alcuni in esilio
Quanto siamo addolorati
Dopo un giorno.
Le nostre amiche della nostra classe
Alcune aspettano treni neri
Alcune sono diventate donne di deportati
E sono andate via con lamenti
Solo una si e fermata
Alla Porta della classe ha accorciato i capelli
Dando segnali che ci guarderemo.

LA DIMISSIONE

Se vuoi
Prendi il pettine e
Aconci la Notte
Come una fanciulla..
Dipinge li le unghie ..

I POETI

Quando gli dèi si arrabbiano
Nascono i poeti.
Al primo segno di vita
Protestano contro il proprio padrone.
Quando crescono
Diventano furbi
Spandono poster
Contro propria volontà
Come manifestanti in città
"Bambino supplementare di qualsiasi madre
Diventa un poeta"...

QUANDO MORIRÒ

Quando morirò
Non piangere amore
Ti ho tradito
Con le vergine di un altra pianeta.
Quando morirò non piangere sorella
Io galoppo sul cavallo di Gjergj*
Oltre onde del mare ...
Quando morirò non piangere mamma
Solamente allatta
Queste
Metafore
Melanconiche
Come me una volta ...

* Gjergj Elez Alia, popolare personaggio

LA TEORIA DELLA SPIEGAZIONE DEI SOGNI

Se hai visto nel sogno il serpente
Qualcuno ti ha fermato il gioco.
Se hai visto nel sogno la libertà
Qualcuno flirta con la tua schiavitù.
Se hai visto nel sogno i miei occhi
Qualcuno ti ha truffato.
Te l'ho detto testarda
Te l'ho detto
Svegliarsi
Perché i sogni ti fanno stufare
Dell'amore

LE STRADE

(A)
Non hanno inizio e ne fine
Esistono le strade senza capo
sono le strade
Che si incrociano
Esiste strada senza strada
Ma la strada
è
Sempre
Cammina tu
Vai
Buon viaggio

DICHIARAZIONE PATETICA

Che moio per te
Sei più buona Fata
Come sono pesanti
Quei fili ...

ERMETICHE

Ti chiuderò
Sarà doloroso aprirti
Ne anche tu non sai dove sei
Ne anche il mare non si vedrà
Ne la polvere
Di più
Non farà
Zap...

COMPLESSO

Due prostitute
Belle
Di esse
Bevono il caffè e guardano
In tazza
Le linee e le strade.
Le unghie dei piedi si dipingono
Come al solito
suscitano desideri
E sogni di mare
Gli uccelli nel cielo
In questo mondo ...

(Istanbul, 2001)

I TREMI

La carta del dolore
Tatuaggio sulle labbra
In grado di leggere
La strada sulla quale camminano

I tremi forti
Delle febbre
Dei tremi vivi ...

Ecco dove mi sono apparse
Ma tu non hai nessuna colpa
Perché non sai leggere
Questa arte assurda
Delle linee sulle labbra ...

LA LUNA

Almeno il tuo lavoro
Se avessi saputo
Dopo una comunicazione selenare
Ogni notte
La luna
Serena o sconvolta

CANTI TERRIBILI

LA MORTE PREDICE

Sarò ucciso in questa guerra
Per ogni BOTTONE
Della giacca
Prenderò un proiettile
E ogni goccia di sangue
Diventerà bottone
Sulle camicie e giacche
Dei soldati e capitani
Miei...

SONGS TERRIBILE

Oime Signore le cattiverie
Si alzano e vengono
Li aspettiamo sull'petto
Umili ci pieghiamo la nuca
Oh signore ma li
Vengono prima dell'alba
La catena di proiettili
E la cintura con coltelli
Ohime Signore
E si arrabbia senza paura
Oltre collo prudente
Sopra il petto calmo .
Ohime signore
E si alzano e vengono
Prottegimi dio...
Ecco, vengono...

(Prishtina, 1999)

I POTENTI

I

Attaccano Kosovo
Quelli potenti
Con auto corazzate moderne
Con abigliamento
E passamontagna
Anti proietillo

Con appoggio
Nazionale
E celeste
Il massacro e stato legittimo
Appoggiato sul primo allineato
Riferito al uccisione di tutti gli albanesi.

II

A maggior parte di assassini erano umani
Gloriosi
Hanno ucciso indiscriminatamente
Maschi
Donne
I bambini ...

Uccidevano e cantavano
O Signore
Signore gli aiutava
Tuo Signore
Che sia ucciso
Dal mio Signore

(1998)

I COMBATTENTI

Ieri sera
Non riuscivo a dormire
Non so se abbiamo pane
Per questa sera
E polvere da sparo
Per domani...

(1999)

ATMOSFERA DI LOTTA

Nel Kosovo di quelli giorni
Erano augmentati i prezzi del pane
Dell'olio
Della farina
Solo alla vita
Era diminuito
Il prezzo
Morte
Avevamo abbondante

I LADRI DI PAPAVERI

Non perché e stato versato sangue
Non perché i bambini
Hanno seminato schegge
Sulle guance dei bambini
Ma perché il sangue
Stillava
Mentre l'uomo
Come un papavero
L'ha stracciato.

I BATTESIMI

Il primo bambino
rimo bambino

Che è nato quest'estate
Fu battezzato Durim
Mentre me
Ogni giorno mi si asciugano
I frutti immaginati

Bene che il nonno
non è vivo.

Vado come dicono i vechi
Con la nostalgia inestinguibile
Della mela rossa...

NOI

Non abbiamo fatto altro che
Vestire
E spogliare
Di metafore
Io abbiamo vestito e spogliato
La pelle
Delle querce...
Con il sindone
Abbiamo gemellato
I figli
Abbiamo dimenticato la patria
Dello sindone
Dell'amore...
E della bellezza

LA CRONICA DELLA SANTA LOTTA

Noi schiavi della lotta scappiamo in su
Non sapiamo dove siamo partiti
Ne anche dove arriviamo per la luce
Essi ci inseguano ci anno circondati
Essi con i scarponi e i denti di ferro della battaglia
Noi scalzi affamati senza rasatura
Da una settimana non lavarmi con i papelli cioe filo
Fili-fili l'anima mastichiamo la disperazione
Sputiamo i cibi del'destino sanguinante
E le parole vivi ci sono incolate sulla lingua
Loro parlano noi taciamo caschiamo in cerchio
Alziamo le mani ci arrendiamo al lupo
Caschiamo nella sua pietà
Dai suoi denti e del suo occhio stracciato
I nostri occhi crescono
Tre violatori si sono bubuttati sopra una donna
Che battaglia inuguale del destino
Porno vivo davanti ai nostri occhi è
Riescono vedere anche i figli minori
che stanno in coda del freddo
L'erezione del sesso non ci si sveglia
Ci prende l'erezione della morte
Povera te, buona donna
Carne vivaci siamo scappati ci siamo svegliati forse
La lotta e emigrata in altra vita
E i bravi del monte con le ali...

TERRITORI LIBERI

I territori erano liberi
Poi eravamo anche noi
La giornata è stata lunga e felice
Ci siamo baciati sotto un melo
Inatteso hanno iniziato cadere le racchette
Territori liberi
Erano cambiati in territori vuoti
Vuoti siamo diventati anche noi
Forse ora
Chi si baciò
Sotto quel melo deserto...

TRE GIORNI ALBANIA

Lasciate che il Signore dia
E se diventiamo cenere e polvere
Saremo stati felici
In quei tre giorni di Albania

RELAZIONE DEL KOSOVO '99

Qui non sono violati i diritti
E le libertà dell'uomo
Qui sono calpestate sono le teste...

FUORILEGGE

AMORE FUORILEGGE

Sola mi hai chiamato
Poi hai gridato
Che mi ucciderai.
Ho tolto la pistola dalla cintura
Mi hai ficcato la spada negli occhi
Mentre le mie mani
Stringevano i tuoi seni
E scosse la casa
Sola mi hai chiamato
Mi hai tradito
Perché
Bella
Amore
Che miserabile ...

GIOCATTOLI

Butto ciottoli
Sul campo minato
E ...

Con gli occhi chiusi, cerco
Il pezzo di Olive dentro di te
Divento sazio quando non l'ho trovo
Quando l'ho trovo vomito dolcemente
Mi viene tremolo
E meglio che scappi di me
Aicuna
Che si andremo per dormire
Nascerebbero i bastardi ...

LOTTA

Aicuna é stata
Presa
Che dava al ladro
Latte materno
Ecco perché hanno bruciato la casa.
Dalla finestra di dove mi salutava con la mano
E 'venuto fuori il fumo nero.
Ma io non ero più
Un fuorilegge d'amore
Mirando con il fucile
Obiettivo
Sulla valle
Della osservazione cruda
Tra i fuorilegge
Guardavo con meraviglia ...

INSPIEGABILE ROTTURA

Non mi hai me
Né io te
Pensavo che fossi brava
Aicuna
Che c'e con questa lacrima nei tuoi occhi ...

CONTRAVEGLIARE

Siedi sulla pianura Aicuna
Appoggiata di nostalgia
E guarda piangendo
Verso la montagna
Menti sono collegati con la sciarpa
Stasera
Sarei aggredita
Aicuna
Non hai paura
Perché diventerò
Una guerriglia esatta ...

INGRATITUDINE

Bene
Aicuna
Devi sapere che saresti tagliata
Se non sarrebbero i fuorilegge...

IL DILUVIO

Aicuna hai abbandonato il branco
Lasciandoli
Le calze sul filo
E 'diventato un hackero
Ha rotto il mio password
E quando ha visto
Come tradiscono i potenti
Corda o rovere
Non ho trovato da nessuna parte.
Finché un giorno,
Inaspettatamente
Apparse bellissima
Sul schermo
Facendo pubblicità dei preservativi
Della azienda
"My Love"

LE PARODIE NERE

IL CORAGGIOSO PRINCIPALE

L'eroe fu circondato
Da tutte le parti
E si nascose in CULA
Con una prostituta
Farà sesso
Disperato profondo
Per la storia
Che non cantava
mài
Liuto o ciftelia*

* *Strumenti popolari albanesi*

DISPERAZIONE

La Vergine infelice
Ha tagliato i suoi capelli
Ora arrabbiata
Sta andando via da fonte
Giammai i suoi occhi non sono asciugati
Da quando ho detto a un amico;
Hasan Aga e diventato GAY
Ha un fidanzato dall'UNMIK

IL LOTTATORE E LA DONNA

Il lottatore impazzito in battaglia

Quando la donna guerriera
E 'venuto mestruazioni
Si dice che molto male
La canna di una pistola
L'ha attizza.

L'ALTARE
(Per Havzi Nela)

Un tribunale competente
In qualità di colpevole
L'ha condannato
A morte on appendere nella fune
Poi staccare la pelle del pittore
Quale ebbe il coraggio di disegnare

Uno grande uomo seduto
In strumento del cavallo.
Gruppi gay hanno reagito
Pedofili necrofili e zoofili
Le partite uscite-
Di guerra di pace.

Il parlamento
Alla Europa
Alla Uganda
Allo Kosovo
L'Unione degli Scrittori
Agli artisti giornalisti
Ma la Corte non si è ritirato
La punizione con la corda
Ne anche il pittore
Dal altare...

LA BESTEMMIA

Essere mangiato dai cani
Questa patria
Quale da vivi
Ci ha messo sotto terra

L'ACQUA

O, che sparisca tutto
Nessuna russare
Per ora di morte
Non si troverà.
Nessuna goccia
Per spruzzare
Il fuoco d'inferno
Chi l'ha
Spegnerà.

IL CANE DEL MINISTRO

Lui cammina con lui
Per fare la spesa
Ogni sera.
Entrambi accoglie e salutano le persone
Quando il ministro muove la testa
Si gioca con la coda
Abbaia quando lui è-accigliato
Che bene quando si comprendono
Spietatamente e umanamente
Allo stesso tempo

CON ME STESSO
QUANDO BARDHI E DIVENTATO PAZZO

Quando Bardhi e diventato pazzo
Le persone non correvano di lui
Correva lui di loro
Parlava brutto di stati e poteri
Sembrava che
Un gallo cantava
Nel mezzo della notte.
Che il nostro Signore ci protegga
Di quel gallo cattivo che dice le bugie
Diceva alla gente
Scomparite
Odore di corvo viene.
Quando è scivolato Bardhi
Sono andato a vedere
Se è pazzo
Davvero...

CON ME STESSO

Duro
Ma dobbiamo forzare
Come si farebbe tua madre
Il sole è vicino a te
Così molto che
La fiamma ti brucia
Come se fosse tua madre.
Coloro che non sono mai venuti
Quelli non sono sufficienti
Non sei sicuro
Se quella superiore è con te
E le persone che sono salite sul tuo collo
Insieme con il potere.
Duro
Ma noi dobbiamo
Eh
Loro sarebbe stata la loro madre.

LA QUERCIA

Per alzarsi e uccidere
Miglior albanese
E 'una maledizione.
Non sei quercia
Per ritornare
E uccidere
Nel peggiore.
E una maledizione è nata.
Non e quercia
Uno la cui madre piangere.
Quella madre
E 'una coda di scure.

IL PUBBLICO

Coloro che sedevano
In prima fila,
Spesso cerca di sua madre.
Mai non capiscono l'arte.
L'altra parte è giusta ...
Brilli come l'oro.

LA NORMA

Chi uccide uno
Nemico in battaglia,
Ha il diritto
Per uccidere
Dieci albanesi
In tempo di pace ...

La pace è questa?
Guai per le nostre teste!

I PATRIOTI

Amano di più
La patria,
Baciano la pianura poi,
Dicono la maledizione sulle pietre e lastre.
Non chiederlo a me
Perché scoppio...*

* Nel senso che muoio

LA PRETESA GRANDE

La speranza è
Che tristezza
L'ha mettiamo
viva
Dentro la bara
Al viaggiatore
Dal mano
Prenderemo
Il fascio
Piena con dolore...

EPITAFFIO

Non si scrivere più
Un verso
Quali sentimenti delle muse
Le ha portato la Libertà,,
Madre
Come che è morta
La poesia ...

ANCORA DUE PAROLE

LA VERGINE DI DUKAGHIN

Non assomigli alla mattina
Né anche al lilla sbocciato..
Tenera sei
Prima di quanto lacrima
Di acque di Dina
Bianchi
Di acque di Drina
Nere
Di Rugiada
È goccia di pioggia.

Santa sei
Più santa di
Santo Ponte
Di Rozafa
Di sorella
Allo Gjergj Elez Alia
Bella sei
Più bella
Che le vergine delle fiabe
Come un cristallo sei
Filigrana posto sugli anelli.

Giovani ragazzi
Di fronte allo specchio
Suicidarsi
Niente assomiglia con te
Più che peonia
La Vergine di Dukaghin
Prenditi cura di Mezzaluna
E di sciarpe nere
Quando si intreccia il ciuffo
Di San Giorgio...
.

I PRESENTIMENTI

Ci sono meteorologi
Esatti
Di destino
Chi prevedono
La Temperatura
Di sangue
E il dolore di domani.
Per gemiti e tremiti,
I sette pilastri della Merkal nel cuore.
Per le gocce di pioggia
E di nostalgia
Per baciare
Che pochi baci!

CILIEGIA

Tu di più
di qualsiasi
Albero in giardino
Hai le ciliegie
Negli occhi
Sulle labbra
In seno...

IL IDILLIO

Appena ti ho visto
Sono rimasti gli occhi
Nei tuoi occhi
Sono rimasti le labbra
Nelle tue labbra
Sono rimasti di tutto
Nel mio ..

.

UN AUTUNNO A SHKODRA

Shkodra è piena d' amore
(Canzone popolare)

Autunno in imbarazzo arcobaleni
E Shkodra è piena di autunno
Che grande amore in Shkodra
E noi, senza di noi, per le pesche ..

ULQINAKE

Mi-ubriaco quando mi ricordo
Tu, mia Ulqinja*
Picolissima-
Bacche di Olive
Eri negli occhi
E nella parte superiore del seno.
Quella notte
I tuoi capelli lunghi...
Passione in onde
E la lingua
E capezzoli che sono attizzati di me...
Il gusto della vita Ulqinja
Ramo e olivo

Dopo la città Ulcino

LAMENET
(Il suo Azem Shkreli)

Il poeta non è mai messo nessun
punto verso
Ma quando è riempita
Il desiderio di esuli
Un giorno
Quel punto e caduto nel cuore
Si precipitarono
Perché la morte Vori
Per atterrare
In Kosova oggi
La sua morte è diventata
Salmo di gioia
Il poeta non è mai morto

Appena e caduto punto
Testo della canzone...
Cuore.

PIOGGIA SANTA

Per terra desolata città di pietre
Per i campi con i cani e cavalli viola ciechi
Per le persone di treni in bianco e completa
Per frutteti falciato il taglio Nemico
Falce
Per i punti di riferimento di lapidi.
Per obelischi gelosi
Per eroi nebbia.
Per Albanese Mecca
Per il Vaticano
Per nuovo pellegrinaggio
Per bestemmiare infamie profeti
Per il teatro sotto la luna insensibile dato di
Signore egoista.
Per associazione poeti scrittori
guardie nemiche
Amore dimenticato per l'asilo Teuta
Per editori e giornalisti ingannatori disabili
Per le case pubbliche
Bastarde
prostitute
Peccati mostruosi
Per le prove
Il diavolo maledetto
Esistono
Mille e cento motivi che
Finché la pioggia
santo
Cadrà...

79

A SECONDA CONVOCAZIONE
PIOGGIA SANTA

Al sogno destino con gola tagliata
Per il dolce sapore di carne viva
Ghiaccio d'acqua fiammata fuoco
Scritti pieno di nostalgia
Per la libertà di sangue schiavitù in enigma
Per piccioni colombinein kalashnikov
Per sacchetti velo madri piene di dolore
Per i coraggiosi paurosi e la libertà insensata
Per la ruggine dei cuori diviso in tre
Per amministratori balbuzienti del Signore in
orecchi

Per eroi vivi e martiri vivi
Per la pelle a prurito e di essere cattivi
Per i non-abile pioggia comincia a cadere
Per i fantasmi di cannibali sotto ombra
Per il viso nero bianco sudario
Bella speranza per il dente rotto
Per l'amore che oscilla a Itaca
nove
Per me per te per noi...

EROTICA LEGGERA

Ricordare
Quando ero
giovane
E ottenere nudo
In vista
è da nessuna parte
E io
oltre
Tu.
Qualche tempo dopo
Abbiamo mescolato
Dita e urla.

MALINTESI

Dammi mela
Ho detto
Mi ha dato
mele
Come una ciliegia
Si è lavata
E io
Sono arrivata
Su di esso

Di ciliegi

IL TELEFONO

Malinconco suona
Nel punto di sogno
Alla mezzanotte
Iş telefono celeste
Nei suoi fili tiene viva
Collegamenti dei cuori…

AMORE RADIOFONICO

L'idea della radio
E 'nata
innamorato
Perché i cuori portano
Collegamenti radiofoniche ...

MOSTRA DI SOGNI

Nella galleria d'arte
Non appena si apre
Una mostra dei sogni
Vedere
Come per gli occhi stracci
di umanità
E come sarà pazzo
Critica...

HO ANCORA DUE PAROLE

\

Lentamente
Ho ancora due parole
Voglio incontrare assassini
per chiedere
Perché non siamo stati uccisi...

INDICE

www.ingramcontent.com/pod-product-compliance
Lightning Source LLC
LaVergne TN
LVHW021542080426
835509LV00019B/2784